Le vol des oiseaux

by
Kristy Placido

French Adaptation & Translation by
Rhonda Dowker

Edited by
Carol Gaab & Claire Séveignier

Cover and Chapter Art by
Robert Matsudaira

P.O. Box 11624
Chandler, AZ 85248
800-877-4738
info@tprstorytelling.com
www.tprstorytelling.com
ISBN: 978-1-935575-15-3

A NOTE TO THE READER

This novel contains basic, level-one vocabulary and countless cognates (words that are similar in two languages), making it an ideal read for beginning students.

Essential level-one vocabulary is listed in the glossary at the back of the book. Keep in mind that many verbs are listed numerous times throughout the glossary, as most are listed in various forms and tenses. (Ex.: I go, he goes, he went, etc.)

Cultural vocabulary and any vocabulary that would be considered beyond a 'novice-mid' level are footnoted at the bottom of the page where each occurs.

We hope you enjoy the novel!

Table of Contents

Chapitre 1
Au Cameroun !

Nathalie et son père, le Docteur Paul Gauthier, montent dans l'avion et prennent les sièges[1] 7E et 7F. Nathalie s'assied dans le siège numéro 7F et elle regarde par la fenêtre de l'avion. Elle ne regarde pas son père. Elle regarde par la fenêtre et pense à sa sœur, Alex. Sa sœur ne part pas avec Nathalie et son père. Nathalie n'est pas contente que sa sœur ne parte pas.

Nathalie continue à regarder par la fenêtre et

[1]siège(s) - seat(s)

1

pense à sa sœur et à sa mère.

Son père ne parle pas. Il a un magazine qui s'appelle Bird World. Il n'aime pas les magazines comme Newsweek ou Sports Illustrated. Il aime des magazines très différents. Il aime les magazines sur l'environnement parce que c'est un spécialiste de l'environnement. C'est un spécialiste des animaux. Les hommes posent des problèmes pour les animaux et le Docteur Gauthier réfléchit[2] aux solutions. C'est un professeur d'écologie et c'est un spécialiste de l'habitat des oiseaux. Il travaille à l'Université de Michigan State depuis treize ans, mais il a maintenant un nouveau travail.

Son nouveau travail est au Cameroun. Le Docteur Gauthier va travailler à Kribi au Cameroun dans une réserve d'oiseaux. C'est pourquoi Nathalie et son père sont dans l'avion. Nathalie ne veut pas aller au Cameroun et elle est triste. Elle veut rester avec sa sœur qui est à l'université. Elle veut aussi être avec ses amis. Son père lui dit que ses amis peuvent lui rendre visite au Cameroun, mais elle pense que ses amis ne

[2]*réfléchit - reflects/thinks*

2

vont pas lui rendre visite au Cameroun. Ce n'est pas possible parce que ses amis n'ont pas beaucoup d'argent.

Nathalie veut son portable. En général, Nathalie correspond par texto, mais au Cameroun, elle ne va pas avoir de portable. Son père dit qu'elle peut communiquer par e-mail. Mais ses amis ne correspondent pas par e-mail. Alors, Nathalie est très, très triste. Elle veut être avec sa sœur et ses amis.

Nathalie n'a pas de mère. La mère de Nathalie est morte il y a trois ans quand Nathalie avait douze ans. Elle est morte dans un accident de voiture. Nathalie a beaucoup de questions au sujet de sa mère et de l'accident, mais son père ne veut pas parler de sa mère. Il n'aime pas parler de sa femme et il n'aime pas parler de l'amour en général.

Sa sœur, qui s'appelle Alex dit que leur père a besoin d'amour. Il a besoin de se remarier. Il a seulement quarante-quatre ans. Il est vieux, mais pas très vieux. Nathalie ne pense pas que c'est une bonne idée. Son père travaille beaucoup et il n'a pas beaucoup de temps pour l'amour.

Nathalie est très triste aussi parce qu'elle n'a pas son cheval, Mufasa. Nathalie n'a pas d'autres animaux, seulement son cheval. Mufasa est un vrai ami. Quand Nathalie parle, Mufasa écoute. Mufasa était le cheval de sa mère et à cause de cela[3], il lui est très spécial. Sa mère lui a donné le nom Mufasa parce que son film favori était Le Roi Lion. Mufasa est un lion dans le film. Nathalie aime Le Roi Lion parce que sa mère aimait ce film aussi.

Quand Nathalie parle à Mufasa, elle imagine que sa mère écoute la conversation. Elle aime imaginer que sa mère les regarde et les écoute. À ce moment-là, Nathalie regarde par la fenêtre et pense à tout ça ; à sa mère, à sa sœur, à ses amis et à son cheval. Nathalie ne parle pas. Elle pense. Son père lui demande :

      – Ça va ma fille ?

      – Je ne sais pas. Je ne veux pas aller au Cameroun. Je n'ai pas d'amis au Cameroun. Pourquoi faut-il aller au

[3]*à cause de cela - because of this*

Cameroun ?

— Ma fille, c'est une excellente opportunité pour moi. Et pour toi aussi. Tu vas parler français. Et tu vas te faire beaucoup de nouveaux amis quand tu vas rentrer à l'école en septembre.

Nathalie ne lui répond pas. Elle regarde par la fenêtre en silence et elle pense : « Que je suis seule ! »

Chapitre 2
La nouvelle maison

Nathalie regarde par la fenêtre et voit Douala, une très grande ville du Cameroun. Nathalie remarque que c'est une grande ville. Il y a beaucoup de bâtiments[1], mais peu de grands bâtiments. Le père de Nathalie lui parle du Cameroun, mais le pilote interrompt : « Bienvenue à Douala au Cameroun. »

[1]bâtiments - buildings

L'avion arrive à l'aéroport. Nathalie et son père descendent de l'avion. Ils entrent dans l'aéroport. Dix minutes après, ils voient un homme qui a une pancarte[2] avec le nom « Docteur Gauthier. » Le Docteur Gauthier dit à l'homme:

    – Bonjour. Je m'appelle Paul Gauthier.

    – Bienvenue au Cameroun, Docteur. Je m'appelle Tavon Essama. Je suis agent de sécurité à la Réserve des Amis des Oiseaux.

    – Enchanté M. Essama. Je vous présente ma fille, Nathalie.

    – Bienvenue au Cameroun, Nathalie. Enchanté.

    – Merci, enchantée –répond Nathalie.

M. Essama dit :

    – Tout le monde m'appelle Tavon. Je suis à votre service.

    – Et tout le monde m'appelle Paul. Docteur est très officiel –le docteur répond.

    – Alors, Paul et Nathalie, voulez-vous voir

[2]*pancarte - sign*

la « Réserve des Amis des Oiseaux » ?
On va voyager en train à Kribi et puis en
camionnette jusqu'à la réserve.

Ils sortent de l'aéroport et ils vont à la gare[3].
Ils montent dans le train. Tavon met les bagages
dans le train. Le train quitte la gare. Douala est
une grande ville. Nathalie regarde par la fenêtre.
Elle regarde la ville mais elle est fatiguée. Elle
ferme les yeux.

Nathalie se réveille quand le train s'arrête.
Elle regarde par la fenêtre. Ils sont dans une autre
ville maintenant. Le Docteur Gauthier, Nathalie et
Tavon descendent du train. Ils marchent jusqu'au
parking. Tavon met tous les bagages dans la
camionnette et ils quittent la gare.

Tavon conduit vers la ville et il leur parle de la
vie au Cameroun.

– Le Cameroun est très varié. Le
Cameroun est très grand. Il y le désert,
les forêts tropicales, les montagnes et les
plages. Il y a beaucoup d'animaux et de
plantes différentes. Il y a beaucoup de

[3]*gare - train station*

parcs nationaux où on peut observer la nature. L'écotourisme est très populaire en ce moment.

Le Docteur Gauthier écoute attentivement, mais Nathalie n'écoute pas. Elle regarde par la fenêtre et observe ce qu'elle voit.

Elle pense à sa ville au Michigan. Nathalie continue à penser et Tavon continue à parler.

> – Nous sommes tous Camerounais, mais il y a beaucoup de groupes différents. Ici, les langues officielles sont le français et l'anglais, mais les Camerounais parlent plus de deux cent langues. Les lycéens parlent le 'camfranglais'[4] mais au marché on parle le 'Pidgin English'[5]. On n'est pas riche au Cameroun. Il y a beaucoup de pauvres. Mais en général, on aime la vie et sa famille!

Tavon est très sympa. Il n'y a pas de moments

[4]*camfranglais - a mix of English, French and local languages*

[5]*Pidgin English - a simple language of English and local languages for communication*

9

de silence avec lui. Comme il parle beaucoup !
Elle aime sa personnalité.

Tavon parle aussi de sa famille. Il leur dit qu'il
a une femme qui s'appelle Leila. Ils ont quatre fils
et une petite maison avec deux chambres à cou-
cher. Tavon travaille depuis trois ans à la réserve.
Avant, il était jardinier à la Réserve des Amis
d'Oiseaux, mais maintenant il est agent de sécuri-
té. Il explique que la vie est difficile parce que sa
mère et son père sont très vieux. Il s'occupe beaucoup d'eux.

Deux heures après, ils arrivent à la maison
principale de la réserve. Nathalie s'intéresse beaucoup à la réserve. Tavon met tous les bagages dans
une voiturette⁶. Puis, il monte dans la voiturette et
dit :

      – Je suis chauffeur aussi. Faisons un tour
        de la réserve.

Tavon va vers la maison et en fait le tour. La
réserve est très belle. Il y a beaucoup de belles
plantes et de belles fleurs. Il y a aussi beaucoup
d'arbres fruitiers (un arbre qui donnent des fruits).

⁶*voiturette - golf cart*

Nathalie voit une petite chapelle de bois d'ébène[7]

dans un jardin. Tavon dit que les gens se marient à la chapelle parce qu'elle est très belle.

Il y a aussi beaucoup de petits bâtiments. Nathalie entend des cris qui viennent des petits bâtiments et elle demande :

– Oh là là ! Qui crie ?

– Ce n'est pas une personne qui crie. Ce sont les oiseaux qui crient ! –répond Tavon.

– Pourquoi crient-ils ?

– Crier est leur manière de communiquer. Ils ne crient pas. Ils communiquent !

Ils restent encore dans la voiturette pendant cinq minutes. Puis, ils arrivent à une maison. Tavon dit :

[7]*d'ébène - ebony wood*

– Nous sommes là ! Voilà la maison. Elle n'est pas grande, mais elle a tout. Le matin, on peut prendre le petit déjeuner dans la maison principale[8]. Malika, la femme du propriétaire[9] de la réserve, prépare le petit déjeuner. À demain.

Et Tavon part. Nathalie et son père entrent dans leur maison. Il y a une petite chambre avec un lit, une salle de séjour[10] avec un canapé et une petite salle de bains[11]. Son père met les bagages dans la chambre et il dit à Nathalie :

– Tu vas dormir dans la chambre. Tu vas dormir dans le lit et je vais dormir sur le canapé.

– Papa, tu vas dormir dans le lit.

– Non, ma fille, je vais dormir sur le canapé. Ça va.

Nathalie entre dans la chambre et s'assied sur le lit. Elle est très fatiguée. Elle regarde par la

[8]*principale - main, principle*
[9]*propriétaire - owner, proprietor*
[10]*salle de séjour - sitting/family room*
[11]*salle de bains - bathroom*

fenêtre. Elle voit Tavon. Il va vers la maison principale dans la voiturette. Nathalie pense que Tavon est un homme bon. Elle imagine que sa famille est une grande famille soudée[12] et heureuse. Mais, Nathalie est très, très fatiguée et elle s'endort.

[12]*soudée - close, tightknit*

Chapitre 3
Une famille spéciale

Le matin, Nathalie décide de manger un bon petit déjeuner et d'explorer un petit peu la réserve. Elle va à la maison principale où Malika habite avec sa famille. Elle a soixante-cinq ans et elle est très sympa. Elle sourit tout le temps. Elle porte une belle robe très colorée. Elle lui donne un petit déjeuner de cassava[1] et de fruits. La cassava est

[1] cassava - a type of yam

un type de pomme de terre². Nathalie regarde l'assiette³. Il y a aussi un beignet⁴. C'est un peu différent mais elle aime ça.

> – Merci, Malika. Ce petit déjeuner est
> délicieux. J'adore le beignet.
> – Je t'en prie, ma petite.

Pendant que Nathalie mange, Malika lui parle de sa famille.

> – J'ai une fille. Elle s'appelle Issa. J'ai seu-
> lement un enfant. Je voulais une grande
> famille, mais Dieu avait d'autres projets
> pour moi. J'étais mariée avec le père
> d'Issa depuis deux ans. On était très heu-
> reux. Mais quand j'étais enceinte de
> cinq mois⁵, Makalo, le père d'Issa a eu
> un accident de voiture et il est mort.
> C'était une tragédie. Il n'a jamais eu
> l'occasion de voir sa fille. Issa n'a jamais
> eu l'occasion de voir son père. Issa et
> moi, nous avons habité toutes seules
> pendant deux ans.

²*pomme de terre - potato*
³*l'assiette - plate*
⁴*beignet - donut with no hole*
⁵*j'étais enceinte de cinq mois - I was 5 months pregnant*

15

– Deux ans ? Qu'est-ce qui s'est passé ?

– Quand Issa avait deux ans, je me suis remariée avec Roshaun. Roshaun est le propriétaire de la réserve et de la maison principale. Issa et moi, nous sommes venues ici pour habiter avec Roshaun. Roshaun est un homme bon. Issa et Roshaun sont comme père et fille. Nous sommes une famille soudée et heureuse. J'ai voulu plus d'enfants, mais Dieu avait d'autres projets pour moi.

Nathalie voit que Malika est triste quand elle parle de Makalo mais elle est heureuse quand elle parle de Roshaun et d'Issa. Nathalie pense à sa mère. Sa mère est morte quand elle était jeune et Makalo est mort quand il était jeune aussi. Malika s'est remariée, mais elle pense à Makalo et elle est triste. Nathalie pense que c'est possible qu'un jour son père se remarie. Mais, elle ne pense pas pouvoir appeler une autre femme « Maman ». Jamais. Sa mère est sa mère pour toujours. Elle ne va jamais appeler une autre femme « Maman ». Son père peut se remarier, mais Nathalie ne va pas avoir une nouvelle mère.

Nathalie continue à penser à sa mère quand

une autre femme entre. Elle s'assied à la table.

> – Regarde ! –dit Malika– C'est ma chère
> fille! Bonjour Issa !
> – Maman, –dit Issa– tu racontes[6] encore
> des histoires sur ma vie ?

Issa qui a quarante-trois ans, est plus grande que sa mère, plus mince et elle a les cheveux noirs. Son nez est un petit plus grand mais elle a un sourire fantastique ! C'est évident qu'elle sourit beaucoup.

> – Ton père est le Docteur Gauthier, n'est-
> ce pas ? Le nouveau spécialiste des
> oiseaux ?
> – Oui. On est arrivé hier.
> – Après le petit déjeuner, je voudrais faire
> un tour de la réserve avec toi. Elle est
> très belle. Tu peux donner à manger des
> fruits et de l'eau à boire aux oiseaux.
> – D'accord[7]. Merci bien.

[6]*racontes - you tell (stories)*
[7]*d'accord - okay*

17

Chapitre 4
Le petit déjeuner pour les oiseaux

Nathalie quitte la maison avec Issa . Nathalie est contente parce qu'elle a mangé un bon petit déjeuner et elle a aimé la conversation avec Malika. La mère de Nathalie est morte et le mari de Malika est mort aussi. Malika comprend bien Nathalie. Nathalie pense que demain elle va parler avec Malika de sa mère. Malika comprend la situation et comprend la tristesse de Nathalie.

Nathalie pense que la situation d'Issa est un peu différente de sa situation. Nathalie a habité avec sa mère pendant douze ans. Issa n'a jamais habité avec son père. C'est une situation très différente.

Issa marche rapidement. Il y a beaucoup de travail à faire. Elles marchent jusqu'à une petite maison qui a une cuisine. Il y a un frigo et une grande table. Il y a beaucoup de fruits sur la table. Issa prend un grand couteau et elle donne un autre couteau à Nathalie. Issa coupe les fruits pour les oiseaux. Nathalie coupe les fruits aussi. Elles coupent les bananes, les mangues et les papayes. Ce sont des fruits tropicaux. Les oiseaux aiment beaucoup les fruits tropicaux. Elles coupent les fruits pendent une heure. Les oiseaux mangent beaucoup de fruits chaque jour.

Pendant qu'elles coupent les fruits, Tavon entre dans la petite cuisine. Il prend une mangue et il mange la mangue. Issa crie :

> – Tavon ! Ne prends pas de fruits. C'est le petit déjeuner pour les oiseaux. Ce n'est pas pour toi !

Issa fait semblant d'[1] être fâchée, mais en réa-

---

[1] *fait semblant d' - to pretend*

19

lité, elle n'est pas fâchée. Elle sourit quand elle crie. Tavon sourit aussi et il prend un autre fruit. Il est un homme très sympa. Il sourit beaucoup et il aime blaguer[2]. Il parle toujours à Nathalie de la vie au Cameroun, de sa famille et des oiseaux et il blague beaucoup.

Aujourd'hui, ce n'est pas différent. Tavon blague et Nathalie et Issa rient. Tavon rit aussi. Puis, Tavon parle sérieusement à Issa :

– Pardonne-moi Issa, mais je voudrais te dire que je ne vais pas travailler cette nuit. Je vais chez mes parents. C'est l'anniversaire[3] de ma mère. Je vais rendre visite à ma mère. Je reviens demain matin.

– Merci de me l'avoir dit, Tavon. Je crois qu'on ne va pas avoir de problèmes. Les chiens sont ici. Tavon. . . ?

– Oui, Issa ?

– Dis « bon anniversaire » à ta mère, s'il te plaît.

[2]*blaguer - to joke*
[3]*l'anniversaire - birthday*

20

– Oui, merci.

Avec un sourire, Tavon leur dit : « Au revoir ! »
et il quitte la maison. Issa dit à Nathalie :

> – Tavon est un homme bon. Sa famille est
>   très importante pour lui. Il s'occupe de
>   ses parents. Il s'occupe aussi de sa
>   femme et de ses enfants. Pour nous, les
>   Camerounais, la famille est très impor-
>   tante.
>
> – Oui, je vois qu'il est un homme bon.
>   Pourquoi est-il nécessaire de surveiller la
>   réserve pendant la nuit ? Tavon m'a dit
>   que le Cameroun est un pays qui a des
>   problèmes de criminalité. Il y a beau-
>   coup de criminalité ici ?
>
> – Oui. C'est vrai que le Cameroun a des
>   problèmes de crime, mais il y a des per-
>   sonnes méchantes dans tous les pays. Il
>   y a des personnes qui volent les oiseaux
>   et les vendent. Mais, on n'a pas de pro-
>   blèmes à la réserve. Les chiens de Tavon
>   gardent les oiseaux pendant la nuit.

Issa et Nathalie quittent la petite cuisine et

elles vont aux petits bâtiments où se trouvent les grandes cages. Les cages s'appellent les volières[4]. Elles entrent dans une des volières avec beaucoup de fruits. Nathalie voit beaucoup d'oiseaux avec des plumes grises, blanches et rouges. Dans les volières, il y a des arbres. Ce ne sont pas de petites cages. C'est un endroit[5] assez grand où les oiseaux peuvent voler. Nathalie et Issa mettent les fruits dans la cage des oiseaux. Quand ils volent, Nathalie voit qu'ils ont de belles plumes grises, blanches et qu'ils ont une queue rouge.

Pendant qu'ils mangent, Nathalie pense que les oiseaux sont plus beaux quand ils volent dans la forêt tropicale.

[4]volières - *aviary*
[5]endroit - *place*

Chapitre 5
Un travail parfait

Issa et Nathalie travaillent toute la matinée. Issa explique que beaucoup d'oiseaux qui sont dans la réserve, ont des problèmes. Certains sont là parce qu'ils on vécu longtemps dans des cages et à cause de cela[1], ils ne peuvent pas survivre dans la forêt tropicale. À la réserve, ils s'entraînent[2] à vivre dans la forêt et ensuite ils vont dans la forêt du parc naturel de Campo-Ma'an.

[1]*cela - this*
[2]*s'entrainent – practice/train*

Certains ne savent pas comment s'occuper de leurs bébés. Quand Issa voit que les oiseaux sont de bons parents et qu'ils s'occupent bien de leurs bébés, ils peuvent aller dans la forêt. D'autres oiseaux viennent à la réserve encore à l'état d'œufs[3]. Quand quelqu'un vole des œufs de la forêt et que le MFF (Le Ministère des Forêts et de la Faune) arrête le coupable, le MFF donne les œufs à la Réserve des Amis des Oiseaux. Issa s'occupe des œufs et des petits oiseaux quand ils sortent de l'œuf.

Issa écrit beaucoup sur des feuilles de papier. Elle a une feuille de papier pour chaque oiseau. Elle écrit ce qu'ils mangent chaque jour et ce qu'ils font.

Issa demande à Nathalie :

 – Tu crois que c'est beaucoup de travail ?
 – Non, ce n'est pas beaucoup de travail. J'aime travailler. Au Michigan, j'ai un cheval, c'est beaucoup de travail aussi. Je veux voir mon cheval. Il s'appelle Mufasa.

[3]*encore à l'etat d'œufs - while they are still in the eggs*

– Tu es triste parce que ton cheval est au Michigan, n'est-ce pas ?

– Oui. Il est mon ami. Je lui parle. Je suis bête ?

– Non, pas de tout, tu n'es pas bête. Les animaux sont importants. Ils sont nos amis pour la vie. Je ne peux pas imaginer ma vie sans animaux.

Issa regarde Nathalie pendent un petit moment et elle lui demande doucement:

– Tes parents sont divorcés ?

– Non. Ma mère est morte.

– Oh. Je suis désolée. Quand est-elle morte ?

– Il y a trois ans.

Nathalie pense à sa mère et à sa sœur. Elle est triste. C'est évident qu'Issa est triste aussi. Elle dit à Nathalie :

– Mon père est mort il y a longtemps. Roshaun n'est pas mon père biologique. Il s'est marié avec ma mère et il m'a adoptée quand j'avais deux ans. Je n'ai jamais vu mon père biologique, mais ce n'est pas important. Roshaun est mon père. C'est un bon père.

Il y a un petit moment de silence et puis Issa demande à Nathalie :

– Tu es seule avec ton père ?

– Non, j'ai une sœur, mais elle est à l'université.

À ce moment-là, Nathalie commence à pleurer. Nathalie ne sait pas exactement pourquoi elle pleure et elle ne veut pas pleurer devant Issa. Elle ne veut pas qu'Issa pense qu'elle est un bébé.

Issa ne dit rien. Elle serre Nathalie dans ses bras. Nathalie prend un mouchoir[4] en papier. Elle ferme ses yeux et elle ne pleure plus. Nathalie dit à Issa :

– Pardon. Je ne sais pas pourquoi je pleure.

Mais, Nathalie sait bien pourquoi elle pleure. Elle pleure pour sa mère. Elle pleure pour sa sœur. Elle pleure pour ses amis. Nathalie pleure parce qu'elle est toute seule.

– Ce n'est pas un problème. Je suis là si tu as besoin de parler.

Issa prend la main de Nathalie et elles vont

[4]*mouchoir - tissue*

26

dans une autre salle où il y a quatre petits oiseaux. Ils ont de grands yeux. Ils n'ont pas beaucoup de plumes. Ils ne sont pas beaux. Issa dit :

> – J'ai un travail spécial pour toi. Ces oiseaux sont des bébés. Ils ont seulement trois semaines. Ils n'ont pas de maman. Le MFF a capturé un homme qui avait les œufs dans son sac à dos.

Trois oiseaux sont sortis des œufs ici. Un oiseau est sorti du sac à dos ! Il n'était pas bien. Il était terrorisé. Il avait faim et il avait des pro-blèmes aux pattes[5] et à une aile. Il a besoin de beaucoup d'aide. Tu comprends les oiseaux maintenant et ton travail est de t'occuper des ces pauvres

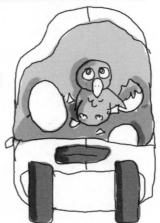

[5]pattes - *legs (of an animal)*

oiseaux. Tu as besoin de leur donner à manger dans le bec[6]. Tu as besoin de leur parler doucement. Peux-tu t'occuper de ces petits oiseaux ?

— Bien sûr ! Ils ont faim –dit Nathalie.

Issa ne dit rien de plus parce qu'un homme entre. Il est plus jeune qu'Issa et il est très beau. Nathalie ne veut pas qu'une autre personne la regarde, surtout un bel homme. Nathalie pense à son apparence : « Oh là là ! Mes yeux sont tout rouges et mes vêtements[7] sont horribles !»

Mais l'homme ne s'intéresse pas à Nathalie. Il ne la regarde pas ni lui parle. Il regarde Issa avec les yeux fâchés. Quand il parle, sa voix est fâchée aussi.

— Issa ! Je t'attends ! Je n'ai pas toute la journée !

— Pardon, Jengo. Je parle à Nathalie. Nathalie, je te présente mon petit ami, Jen...

— Je n'ai pas le temps pour les présenta-

[6]bec - *beak*
[7]vêtements - *clothes*

tions ! J'ai des choses à faire. J'ai du travail important. Je ne peux pas attendre toute la journée.

Jengo prend le bras d'Issa et lui dit :

– On y va !

Issa ne regarde pas Nathalie et ne lui dit rien. L'air triste, Issa sort avec Jengo. Nathalie est surprise. Elle pense que le petit ami d'Issa est horrible. Quand Jengo part, Nathalie est contente.

Nathalie s'occupe du bébé oiseau. Il a de grands yeux innocents. Elle lui dit doucement:

– Maintenant, tu n'es pas beau. Mais un jour, tu vas avoir de belles plumes grises avec une queue rouge. Tu vas être un bel oiseau. Tu n'a pas de mère ? Mon pauvre oiseau. Je n'ai pas de mère non plus. Ma mère s'appelait Michèle, donc, je vais t'appeler Mimi pour ma mère.

Nathalie passe des heures à parler au petit oiseau. Elle aime ça. Mimi se calme et ferme ses yeux. Mimi a faim et Nathalie lui donne des fruits. Nathalie pense que Mimi a besoin d'une maman. Nathalie peut être sa nouvelle maman !

Chapitre 6
Un travail important

Le matin suivant, Nathalie va à la maison principale pour manger le petit déjeuner avec Malika. Elle a très faim. Elle aime manger de la cassava et des beignets. Malika parle du temps. Elle dit qu'il fait beau[1] aujourd'hui. Il fait soleil[2] et il fait chaud[3]. C'est un jour parfait. Elle ne parle pas de

[1] il fait beau - it is beautiful
[2] il fait soleil - it is sunny
[3] il fait chaud – it is hot

son mari qui est mort, probablement parce que Roshaun est dans la cuisine[4] Roshaun demande à Nathalie :

> – Ça va, la vie ici au Cameroun ?
>
> – J'aime bien. J'aime travailler avec Issa. J'ai un travail très spécial. Je m'occupe d'un bébé oiseau. Il a des problèmes avec ses pattes et son aile, mais je vais m'en occuper. Je vais donner à manger au bébé quand il a faim. Un jour, il va voler dans la forêt avec ses autres amis.

Roshaun rit et il parle des oiseaux.

> – Alors, . . . S'il ne vole pas, il peut habiter avec nous. Je déteste les hommes qui volent les oiseaux. C'est triste qu'il y ait des personnes qui veulent seulement de l'argent. Pour eux, la vie n'est pas importante. Pour eux, la nature n'est pas importante. Pour eux, l'argent est important. Ils volent les œufs et les bébés oiseaux. Ils les vendent pour avoir beaucoup d'argent. Il y a des familles

[4] *cuisine - kitchen*

entières qui les volent. Nous travaillons avec le MFF pour les empêcher[5] de voler les oiseaux. Nous observons les oiseaux dans la forêt et nous voyons comment ils vivent. On les protège et les personnes méchantes ne peuvent pas voler les œufs. Si quelqu'un vient voler des œufs, on téléphone aux agents du MFF.

Nathalie voit que Roshaun prend son travail au sérieux. Il continue :

– En plus, quand le MFF arrête les per-
sonnes qui volent les oiseaux, le MFF nous donne les œufs. On s'occupe des œufs. Trois mois après, on met les oiseaux dans la forêt pour leur donner la possibilité d'être indépendants. On transporte les oiseaux dans la forêt et on les laisse s'envoler.

Nathalie aime écouter Roshaun. Son travail est intéressant. Maintenant Nathalie comprend pourquoi son père aime son travail.

Nathalie leur dit :

[5]*empêcher - to prevent*

32

– Merci pour le petit déjeuner. Il faut que
je parte. Il faut donner à manger à Mimi.
Elle a probablement très faim aussi.

– À Mimi ? –demande Malika.

Nathalie sourit et lui répond :

– Oui, mon bébé oiseau.

Malika et Roshaun rient et Roshaun dit :

– Ha ha ! Incroyable ! Tu es une vraie
Camerounaise.

– Merci Roshaun.

Nathalie quitte la maison principale et va
s'occuper de Mimi et des autres bébés oiseaux.

Chapitre 7
Le vol des oiseaux

Nathalie coupe une mangue et une papaye pour Mimi et elle va vers le petit bâtiment où sont les bébés. Pendant qu'elle marche, elle entend une voix d'un homme. Il parle au téléphone. Nathalie voit que c'est Jengo. Elle voit le visage de Jengo. Il sourit. Il est encore plus beau quand il sourit. Elle veut écouter la conversation mais elle ne veut pas que Jengo la voie. Jengo dit au téléphone : « Ah, oui . . . Comment s'appelle-t-elle ?

Oui, très belle. Je veux y aller. ...Ha ha ! Oui, on va à Campo-Ma'an demain. »

Nathalie écoute la conversation et elle pense que Jengo a une autre petite amie. Pauvre Issa ! Jengo est un vrai serpent. Elle veut s'en aller. Elle ne veut pas que Jengo la voie. Nathalie pense : « Si Jengo sait que j'écoute sa conversation, il va être fâché. » En silence, Nathalie va vers le petit bâtiment des oiseaux.

Elle voit le petit bâtiment des oiseaux et elle remarque qu'il y a un problème dans le bâtiment. Elle voit qu'une fenêtre est cassée. Nathalie s'inquiète et marche rapidement. Elle ouvre la porte et entre. Dans le bâtiment, tout est en désordre. Elle ne voit pas les bébés. Maintenant, Nathalie est dans tous ses états[1]. Elle cherche Mimi. Elle ne voit rien. Tout est silencieux. Le silence est très rare. En général, les bébés crient beaucoup. Nathalie ne sait pas quoi faire. Tout à coup, elle entend quelque chose derrière la table. Elle cherche et elle voit Mimi ! Le pauvre oiseau tremble.

[1] *dans tous ses états - frantic*

35

Nathalie lui donne de la mangue, mais elle ne veut pas manger. Elle n'a pas faim. Nathalie s'inquiète. Elle veut parler à Issa mais elle ne veut pas laisser Mimi.

Nathalie décide de ne pas laisser Mimi. Elle met Mimi dans une serviette[2]. Nathalie va chercher Issa. Elle va vers la maison principale avec le petit oiseau dans la serviette. Elle entend des cris dans la chapelle de bois d'ébène.

Elle entend deux personnes. Un homme crie et une femme pleure. Ce sont Jengo et Issa. Nathalie ne les regarde pas et ne leur dit rien. Elle ne sait pas pourquoi Jengo est fâché.

Finalement, Jengo quitte la chapelle rapidement en moto. Issa pleure beaucoup. Nathalie entre dans la chapelle. Issa regarde Nathalie et elle sourit un peu. Nathalie sait que ce n'est pas un vrai sourire. Issa est très triste.

> – Bonjour Issa. Il y a un problème ?
> – Salut Nathalie. Ce n'est rien. Jengo a des problèmes avec son travail. Il est très stressé.

[2]*serviette - towel*

Nathalie ne dit rien. Elle pense que Jengo est un petit ami horrible. Issa regarde l'oiseau que Nathalie a dans la serviette. Issa dit :

> – Pourquoi as-tu l'oiseau dans une serviet-
> te ? Qu'est-ce qui se passe ?

Natalie commence à pleurer.

> – Un vol . . . dans le petit bâtiment des
> oiseaux . . . une fenêtre est cassée . . . les
> autres oiseaux ne sont pas là. Ils ont dis-
> paru !

Les deux filles courent vers le bâtiment des oiseaux. Issa la regarde et dit :

> – Quelle horreur ! Quelqu'un a volé les
> oiseaux ! C'est terrible ! En général, on
> n'a pas de problèmes ici à la réserve,
> mais il y a des problèmes près d'ici avec
> les personnes qui volent les oiseaux.

À ce moment-là, Tavon entre. Il regarde et dit :

> – Qu'est-ce qui s'est passé ici ?

Issa explique que les trois oiseaux ont disparu et que Nathalie a trouvé Mimi. Tavon dit :

– C'est terrible ! Les oiseaux valent[3] beaucoup d'argent.

Issa se fâche et regarde Tavon. Elle dit d'une
voix fâchée :

– L'argent n'est pas important ! Ici ce sont
les oiseaux qui sont importants !

Issa est fâchée. Elle regarde Tavon avec les
yeux fâchés et Tavon regarde par terre[4]. Il lui dit :

– C'est vrai, la vie des oiseaux est plus
importante. Nathalie a trouvé les autres
oiseaux ?

– Non, elle a seulement trouvé Mimi.
Quelle tragédie ! Je vais téléphoner au
MFF.

[3]*valent - are worth (value)*
[4]*par terre - at (on) the ground*

Chapitre 8
Les accusations

Nathalie va rapidement vers sa maison. Elle entre dans la maison. Le père de Nathalie est dans la maison.

> – Papa ! Tu es là ! Tu ne travailles pas aujourd'hui ?
>
> – Si, ma petite, je travaille. Je n'ai qu'une petite minute. Je suis en retard.

Son père regarde le visage de sa fille. Il voit qu'il y a un problème et il lui demande :

– Nathalie, qu'est-ce qu'il y a ?

Nathalie lui explique tout et son père lui répond :

> – Tavon ne s'est pas occupé des oiseaux hier soir ?
>
> – Non Papa. Il est allé rendre visite à sa mère. C'était l'anniversaire de sa mère.
>
> – Quelle coïncidence ! En général, il n'y a pas de problèmes et la première nuit qu'il n'est pas là pour s'occuper des oiseaux, il y a un vol.

Le Docteur Gauthier réfléchit pendant un instant. Puis, il dit :

> – Oui, c'est très rare. Est-il possible qu'il y ait quelqu'un qui savait que personne ne gardait les oiseaux ?
>
> – Je ne sais pas, Papa. Tavon parle à Issa.
>
> – Et les chiens ? Je n'ai pas entendu les chiens. Si quelqu'un entre dans la réserve, on peut entendre les chiens.
>
> – Alors papa, c'est possible que cela soit quelqu'un qui travaille à la réserve ?

Nathalie ne continue pas parce que quelqu'un

frappe à la porte. Elle ouvre la porte et voit Issa.

– Bonjour Issa !

Nathalie regarde son père et remarque que son visage est un peu différent. Il rougit. Issa regarde le docteur et sourit. Puis elle regarde Nathalie et lui dit :

> – Bonjour Nathalie. Je veux parler à ton père. Docteur Gauthier, demain je vais à Campo-Ma'an pour observer des oiseaux et pour voir si il y a un bon endroit pour libérer les oiseaux. Pouvez-vous venir nous aider ?

Le visage rouge, le Docteur Gauthier lui répond :

> – Euhhhh . . . alors . . . oui. Je peux . . . je peux y aller.

Nathalie regarde son père et elle ne sait pas ce qui se passe. Il a un problème. Il parle un peu différemment et il rougit. A-t-il une crise cardiaque ? Qu'est-ce qu'il a ?

> – Nathalie, continue Issa, tu peux venir aussi si c'est d'accord avec ton père. Tu peux m'aider. Il y a une belle forêt où

Mimi va habiter un jour. C'est un parc national.

– D'accord

Nathalie pense : « Campo-Ma'an ? Campo-Ma'an ? Jengo a mentionné Campo-Ma'an à la personne à qui il a parlé au téléphone, n'est-ce pas ? » Personne ne dit rien et puis Issa dit :

– Oh là là ! Incroyable !

Issa regarde le Docteur Gauthier et elle sourit. Le docteur regarde Issa et il sourit aussi. Tout à coup il rougit. Issa rit et part. Nathalie regarde son père et lui demande :

– Ça va Papa ?

– Euh . . .oui, oui. Parfaitement.

Chapitre 9
À Campo-Ma'an

Issa, le Docteur Gauthier, Nathalie et d'autres personnes qui travaillent à la réserve, partent en camionnette pour aller à Campo-Ma'an. La route est très difficile.

Le Docteur Gauthier conduit en silence. Nathalie ne parle pas. Elle pense beaucoup aux oiseaux volés. « Qui a volé les oiseaux ? Pourquoi on n'a pas volé Mimi ? On va retourner à la réserve ? Pourquoi on les vole ? Jengo va à Campo-Ma'an, pourquoi ? »

Ils passent trois heures dans la camionnette en silence quand son père voit un restaurant.

– On mange ici ?

– Oui ! –tout le monde répond.

– J'ai faim ! –dit Nathalie.

Le restaurant est un petit restaurant. C'est un restaurant camerounais typique. On mange du millet moulu en forme de boule[1]. Le millet est dans une feuille de cassava. C'est servi avec beau-coup de sauces différentes. On mange avec les mains. C'est délicieux et amusant de manger avec les mains! Ça ne coûte pas cher[2].

Pendant qu'ils mangent, Issa parle à Nathalie. Elle lui demande :

– As-tu un petit ami, Nathalie ?

– Non, pas encore. L'année dernière[3] je suis allée à un café avec un garçon de ma classe de mathématiques, mais nous sommes seulement amis. Et toi, depuis

---

[1]*millet moulu en forme de boule - millet (a grain) ground up to form a ball. It is then wrapped in a cassava leaf.*

[2]*cher - expensive*

[3]*L'année dernière - last year*

combien de temps sors-tu avec Jengo ?

– Deux mois.

Issa continue, mais à voix basse :

– Je pense qu'il a une autre petite amie. Il
a beaucoup de secrets. Il parle au téléphone et quand il me voit, il ne parle
plus. Quand je lui demande de parler
de son travail, il se fâche beaucoup.

Nathalie ne sait pas quoi dire. Elle décide
d'écouter et de ne rien dire. Elle ne parle pas de
la conversation qu'elle a entendue hier. Issa continue :

– Je ne sais pas. Il est plus jeune que moi.
J'ai quarante trois ans et il a seulement
trente deux ans. C'est ridicule ?

Nathalie ne sais pas quoi dire, donc elle igno-
re la question. Oui, c'est ridicule, mais elle ne sait
pas comment le dire à Issa. Nathalie n'aime pas
du tout Jengo. Elle pense qu'il est méchant. Beau,
oui, mais en réalité, il n'est pas sympa. Elle croit
qu'il a beaucoup de secrets. Il a probablement
une autre petite amie. Il a probablement beaucoup de secrets.

Chapitre 10
Une nuit dans la forêt

Finalement, le groupe arrive à Campo-Ma'an. Le parc est très sauvage[1] et très grand. Il y a des maisonnettes où on peut dormir. Nathalie met son sac à dos dans la maisonnette d'Issa. Issa ne parle plus de Jengo et Nathalie est contente parce que la situation l'inquiète.

[1]sauvage - wild

Le père de Nathalie frappe à la porte et Nathalie sort.

> — Tu veux marcher avec moi ? Je vais chercher un endroit où il y a beaucoup d'oiseaux.

> — Oui, Papa, on y va.

Nathalie et son père marchent mais ils ne voient pas d'oiseaux. Son père lui dit :

> — Il fait presque nuit. On ne peut pas bien voir. Il n'y a pas de lune.

Nathalie aime marcher et voir les arbres. Elle décide de parler à son père.

> — Papa, je crois que Jengo a une autre petite amie. Je n'aime pas vraiment Jengo. Je pense qu'il est méchant. Je crois qu'il a de mauvais secrets.

> — Voyons . . . . euh . . . ouais.

> — Papa ! Tu m'écoutes ?

> — Euh, oui, bien sûr. Qui est Jengo ?

> — Oh là là papa ! C'est le petit ami d'Issa. Tu travailles toute la journée et tu ne penses qu'au travail ! Ta vie est triste !

Son père ne l'écoute pas. Il voit une corde dans un arbre.

47

— Regarde là, Nathalie.

Nathalie n'est pas impressionnée. Une corde dans un arbre ne l'intéresse pas. Elle est fâchée contre son père et elle répond, sarcastique :

> — Oui, Papa. Une corde ? Et puis quoi ?
>
> — Nathalie, la corde indique qu'il y avait quelqu'un dans l'arbre. Nous, nous n'utilisons pas de cordes.
>
> — Qui était dans l'arbre ?
>
> — Les hommes qui volent les œufs des oiseaux. Ils utilisent les cordes pour prendre les œufs dans les arbres.

Le Docteur Gauthier réfléchit un instant et regarde le visage de sa fille.

> — Issa a un petit ami ?

Nathalie ne lui répond pas. Nathalie ne pense pas aux problèmes d'Issa. Elle pense à Mimi et à l'homme mystérieux qui a volé les oiseaux de la réserve.

Le Docteur Gauthier prend son portable. Il veut téléphoner mais ça ne marche pas. Il ne peut pas capter[2] de signal téléphonique donc, il marche

---

[2]*capter - capture/get*

48

en cherchant un signal plus fort. Il ne peut toujours pas téléphoner. Il dit à Nathalie :

> – On y va, Nathalie. J'ai besoin d'informer les autorités qu'il y a une possible activité criminelle. Il n'y a pas de signal téléphonique. C'est très isolé ici.

Nathalie et son père marchent pendant quelques minutes. Son père veut utiliser son portable encore une fois. Finalement, il capte un signal ! Il crie dans son téléphone tout en marchant pour avoir une bonne réception.

Nathalie explore un peu. Elle marche un peu et voit quelque chose de rouge. Elle voit que c'est une moto qui est cachée. Elle est curieuse. Elle pense à Jengo. La moto est très similaire à la moto de Jengo. Jengo est ici ? Si Jengo est avec une

autre petite amie, pourquoi sont-ils ici au même endroit qu'Issa ?

Nathalie est inquiète et elle cherche son père. Son père parle dans son portable.

– À bientôt, merci.

Le Docteur Gauthier ferme le portable et regarde sa fille.

– Les officiels du MFF vont analyser la corde. On y va, Nathalie. Il est très tard[3].

Nathalie marche avec son père mais elle ne parle pas. Elle pense à la corde et à la moto.

[3]*Il est très tard – it's late*

Chapitre 11
Une enquête[1] interrompue

Nathalie rentre dans maisonnette. Elle décide de parler à Issa. Issa est au lit. Nathalie ne sait pas si elle dort ou pas. Nathalie s'assied sur lit et dit à voix basse :

    – Issa.

Issa se lève rapidement.

    – Qu'est-ce qui se passe ?

    – Puis-je te parler ? C'est important. Je

[1]enquête - *investigation, inquest*

veux te parler de Jengo.

– De Jengo ? Qu'est-ce qu'il y a ?

Les deux filles s'asseyent sur le lit et Nathalie explique la situation à Issa :

– Mon père et moi, nous marchions dans la forêt quand nous avons vu une corde dans un arbre. Mon père voulait téléphoner aux autorités pour leur dire qu'il y avait une possible activité criminelle dans la forêt. Mon père n'a pas capté de signal téléphonique. Donc, on a marché en cherchant un signal.

– Et, qu'est-ce que ça à faire avec Jengo ?

Issa est impatiente et Nathalie se fâche. Nathalie n'aime pas qu'Issa soit impatiente avec elle. Nathalie est impatiente aussi.

– Écoute-moi ! Pourquoi les adultes ne m'écoutent pas !

– Je suis désolée.

– Alors, mon père a finalement capté un signal et pendant qu'il parlait au téléphone, j'ai marché un peu. J'ai vu une moto entre les arbres. Je crois que c'était la moto de Jengo.

– Jengo est ici ? Je ne comprends pas.
Jengo n'est pas à Campo-Ma'an maintenant. Il a besoin de travailler.

– Je ne sais pas. Il y avait une moto qui est
exactement comme la moto de Jengo.
En plus, hier j'ai entendu une conversation au téléphone de Jengo. Il a dit qu'il
allait à Campo-Ma'an.

– Nathalie, tu veux venir avec moi ? J'ai
besoin de voir cette moto. Si Jengo est
ici, je veux savoir pourquoi.

Issa et Nathalie se lèvent et marchent vers la
forêt. Il n'y a pas de lune. Tout est noir. Elles
entendent les insectes et les animaux de la forêt.
En quelques minutes, elles arrivent à l'endroit de
la moto. Nathalie a une lampe de poche. Elles ne
voient rien et elles marchent un peu plus. Tout à
coup, elles entendent des hommes qui parlent.

– Nathalie ! –crie Issa– Éteins la lampe de
poche ! Des hommes arrivent!

Elles entendent des voix, mais elles n'entendent pas la voix de Jengo. Il y a trois voix diffé-

rentes. Il y a une voix familière, mais ce n'est pas la voix de Jengo. Si, ce n'est pas la voix de Jengo, alors c'est la voix de qui ?

Tout à coup, Nathalie et Issa voient trois lampes de poche. Elles voient trois hommes !

– Qui êtes-vous ? –crie un des hommes.

Nathalie crie quand Issa prend son bras.

– Courons ! –crie Issa.

Les deux filles courent rapidement. Quelques minutes après, elles ne voient plus les lampes de poche. Nathalie dit à voix basse :

– Je n'entends rien. Je veux parler à mon père. Qui sont ces hommes ?

– Je ne sais pas, mais c'est évident qu'ils ne sont pas des amis.

– Où sommes-nous ? Où est la maisonnette ?

– Je ne sais pas –répond Issa– La nuit est très noire. Nous avons couru beaucoup, mais je ne sais pas comment revenir à la maisonnette.

– Tu crois que Jengo est un de ces hommes ? Qu'est-ce qu'ils veulent ?

54

Tout à coup, Issa voit les lampes de poche.

>   – Nathalie, chut ! –elle dit à voix basse–
>   Cours !

Issa et Nathalie courent mais elles ne peuvent rien voir. Tout à coup, Issa crie ! Nathalie la voit. Quelle horreur ! Elle est par terre et ne peut pas se lever.

>   – Aie, Nathalie. Ma jambe . . . euh . .. je crois qu'elle est cassée. Je ne peux pas me lever.
>   – Non, Issa. Ce n'est pas possible ! Qu'est-ce qu'on fait maintenant ?
>   – Rien. Chut !

Tout à coup, les hommes avec les lampes de poche s'approchent. Nathalie voit qu'un homme a un couteau à la main. C'est un grand couteau ! Quelle horreur ! Nathalie crie :

>   – S'il vous plaît, elle s'est cassée la jambe. Aidez-nous !

Un des hommes répond :

>   – Venez avec nous !

Un homme prend le bras d'Issa, mais elle ne

peut pas se lever. Il la soulève[2] et prend Issa dans ses bras. Un autre homme prend le bras de Nathalie et tout le monde marche dans la forêt noire.

---

[2]*soulève - pick up*

Chapitre 12
Attrapées

Nathalie et Issa marchent avec les trois hommes. Ils ne marchent pas longtemps, probablement quinze minutes. Nathalie veut s'échapper, mais elle ne peut pas parce qu'un des hommes a un couteau. A-t-il un pistolet aussi ? C'est possible. Issa ne parle pas. Nathalie ne regarde pas Issa. Issa ne peut ni courir ni s'échapper. Les deux filles sont très inquiètes. Le père de Nathalie ne sait pas qu'elles sont dans la forêt. Il va savoir qu'elles ont été capturées[1] demain matin. Il va s'inquiéter.

Issa pense : « Quelle imbécile ! Mon petit ami est trop jeune pour moi. Je suis jalouse, et en plus, il est possible que ma jambe soit cassée maintenant. Comment vais-je expliquer cette situation au père de Nathalie ? »

Ils arrivent à une maisonnette. Elle est très similaire à la maisonnette où le père de Nathalie dort en ce moment. Il y a un lit dans la maisonnette mais Issa s'assied par terre. Nathalie peut voir qu'Issa ne va pas bien. Nathalie s'assied par terre aussi. Les hommes mettent une corde autour des mains de Nathalie et d'Issa. Elles ne peuvent pas bouger[2] les mains. C'est un peu ridicule de mettre une corde autour des mains d'Issa parce qu'elle ne peut pas s'échapper avec une jambe cassée. Un des hommes s'assied près d'une fenêtre. Il ne parle pas.

Deux heures passent. L'homme qui ne parle pas, part. Alors, Nathalie dit à Issa :

[1]*ont été capturées - they have been captured*
[2]*bouger - to move*

— Issa, j'ai peur[3].

— Calme-toi. Tout va bien se passer.

— Ces hommes vont nous tuer ?

— Non, Nathalie, je ne crois pas qu'ils vont nous tuer.

— Ils ont des pistolets ?

Issa ne répond pas. Elle a peur aussi, mais elle ne dit rien à Nathalie. Alors, Nathalie demande :

— Pourquoi, nous sommes dans cette maisonnette ?

— Je ne sais pas exactement. Je crois que ce sont des hommes qui volent des œufs. Ton père a téléphoné au MFF, n'est-ce pas ?

— Oui, il leur a téléphoné.

— Et quand arrivent-ils pour enquêter sur la corde dans l'arbre ? –demande Issa.

— Je crois que mon père a dit qu'ils viennent demain matin, mais je ne sais pas exactement.

— Alors, on est ici jusqu'à demain.

Nathalie a très peur et elle pleure en silence.

---

[3]*j'ai peur - I have fear (I am afraid)*

Elle pense à son père et à sa sœur. D'une voix tremblante, elle dit à Issa :
- Issa ?
- Oui ?
- Jengo est mauvais ?
- Je ne sais pas Nathalie. Il est mon petit ami, mais en réalité je ne sais pas qui il est.
- Où est l'homme qui nous gardait ?
- Je ne sais pas. Peux-tu t'approcher ? Je veux utiliser mes dents pour défaire[4] la corde de tes mains. Si tu peux t'échapper, tu peux aller chercher les autorités.

Nathalie va vers Issa et met ses mains devant le visage d'Issa. Issa ne peut pas toucher la corde et elle lui dit :
- Nathalie, approche un peu plus tes mains de mes dents.

Nathalie approche ses mains des dents d'Issa et Issa prend la corde entre ses dents. Petit à petit, Issa travaille avec ses dents et finalement, la corde tombe des mains de Nathalie. Elle est libérée !
- Nathalie, écoute-moi ! Cours chercher ton père ! Téléphone à la police. Je n'ai

[4]défaire - undo

60

pas beaucoup de temps. Quand ils vont
voir que tu n'es pas ici, ils vont être très
fâchés contre moi. Tu as besoin de téléphoner à la police tout de suite !

Nathalie commence à partir mais un autre
homme arrive. Il entre et s'assied près de la
fenêtre et il leur dit :

– Silence !

– On ne parle pas ! –Issa répond.

L'homme a une lampe de poche. Avec la
lampe on peut voir le visage de l'homme.

– Tavon ! –crie Nathalie.

Nathalie cache ses mains parce que ses mains
n'ont pas de corde.

– Chut ! répond Tavon.

– Tavon ? –dit Nathalie à voix basse– tu es
ici pour nous aider ?

– Je suis désolé, mon amie. Je ne suis pas
ici pour vous aider. Je suis ici pour travailler avec un homme qui vend les
oiseaux. C'est un homme mauvais et
riche. Je lui donne les oiseaux et il me
donne de l'argent. Beaucoup d'argent.

Je ne suis pas mauvais. Je veux seulement de l'argent pour aider ma famille. Je ne veux pas de problèmes, ni pour moi, ni pour vous. Les autres hommes sont très méchants. Ne leur parlez pas. Ils ont des pistolets et des couteaux. Ils sont terribles et dangereux. Les vies de deux filles ne sont pas importantes pour eux. Ils veulent vous tuer.

Issa a peur et elle est très triste. Elle ne peut pas croire que Tavon est un homme mauvais. Elle lui répond :

– Tavon, comment peux-tu faire ça ? C'est terrible ! Les oiseaux . . .sont comme mes enfants. C'était toi qui les as volés de la réserve ? Tu as rendu visite à ta mère la nuit du vol, n'est-ce pas ?

– J'ai volé les oiseaux, mais je ne voulais pas les voler. J'ai besoin[5] d'aider mes parents. Ils n'ont pas d'argent. Ils ont besoin d'aide . . .et je ne peux pas m'arrêter de travailler pour ces hommes parce qu'ils vont me tuer. Si je parle aux

[5]*J'ai besoin - I have need (I need)*

autorités, ils me tuent.

Issa le regarde tristement et Tavon continue à justifier ses actions.

> – Je n'ai pas volé Mimi. Je sais que Mimi est très importante pour Nathalie. Je ne suis pas un homme mauvais, mais je suis un homme désespéré[6]. Je vais trouver une solution mais j'ai besoin de réfléchir.

Un homme entre et marche vers Tavon, Nathalie et Issa. L'homme ne dit rien. Nathalie a très peur parce qu'elle sait que l'homme a un pistolet.

Un des hommes prend le bras de Tavon et il frappe le visage de Tavon. Nathalie crie et l'homme frappe encore Tavon. Les autres hommes arrivent et tout le monde crie. Il y a beaucoup de désordre. Issa crie :

> – Cours, Nathalie !

Nathalie se lève et court rapidement. Elle a très peur et elle est inquiète parce qu'Issa est toute seule avec les hommes. Ils sont très méchants ! Tout à coup, un homme attrape Nathalie !

[6]*désespéré - desperate*

Chapitre 13
L'évasion

– Ahhhhh ! Police! Papa! Aidez-moi!

Nathalie crie beaucoup et elle frappe fort l'homme qui l'a attrappée. L'homme est Jengo !

– Ne me frappe pas ! Es-tu folle ?

– Toi ! Tu es horrible ! Tu voles les œufs et les oiseaux qui ne peuvent pas se défendre! Tu es horrible!

Jengo rit et dit à Nathalie :

– Ne me frappe pas ! Tu es folle ! Je ne
vole rien. Je travaille pour le MFF. Je
suis ici pour arrêter les voleurs. Et toi et
Issa, vous ne m'aidez pas du tout. Uh,
les filles!

– Tu travaille pour le MFF ?

– Mais oui, bien sûr ! Où est Issa ?

– Issa est avec les voleurs dans une maisonnette. Ils veulent tuer Issa.

– Allons-y !

Jengo prend Nathalie par le bras. Jengo est
avec un groupe d'hommes qui ont des pistolets et
des couteaux. Tout le monde court vers la maisonnette où les voleurs gardent Issa. Tout à coup, ils
entrent dans la maisonnette et ils crient :

– Personne ne bouge !

Les voleurs commencent à courir et Jengo
crie :

– Ne les laissez pas s'échapper !

Issa est très surprise et elle dit :

– Jengo ! C'est toi ?

– Non, c'est le Père Noël –répond Jengo,
sarcastique.

Il est fâché contre Issa. Il l'insulte.

– Tu es une idiote ! Tu as presque ruiné[1] mon enquête !

– Enquête ? Je ne comprends pas.

– Idiote! Tu ne comprends pas ? Je ne t'aime pas. Je ne t'ai jamais aimé ! Je suis ici pour enquêter sur les vols des oiseaux et des œufs. Je travaille pour le MFF. Je ne t'aime pas et je ne veux pas être ton petit ami.

– Tu n'es pas sérieux ! Je ne suis pas ta petite amie ? Tu m'utilises ? Pour faire une enquête ? Tu es horrible ! Tu es horrible!

Jengo ne répond pas. Il va vers les autres hommes pour leur parler. Issa pleure quand elle crie :

– Mes mains ! J'ai une corde autour des mains ! Cet idiot ne m'aide pas !

À ce moment-là, un autre homme vient l'aider. Il coupe la corde autour des mains d'Issa. Nathalie voit que c'est son père !

[1] *ruiné - ruined*

– Nathalie, je t'aime beaucoup !

Le Docteur Gauthier sert fort sa fille dans ses bras. Il sert aussi Issa dans ses bras. Nathalie remarque que son père sert Issa très fort dans ses bras. Nathalie ne peut pas voir que son père rougit.

Ils rentrent à la maisonnette. Ils ont quatre nouveaux œufs qu'ils ont confisqués aux voleurs et ils ont besoin de s'occuper de ces nouveaux œufs. Nathalie demande à Issa :

> – Qu'est-ce qui va se passer avec Tavon ?
>
> – Je ne sais pas. En réalité, ce n'est pas un homme méchant. Il voulait aider sa famille. Mais, ils l'ont arrêté. Il va probablement témoigner[2] contre les voleurs que le MFF a arrêtés.

[2] *témoigner - to testify*

Chapitre 14
Au revoir

Trois mois ont passé et Nathalie prépare Mimi à aller habiter dans la forêt tropicale. Nathalie et Mimi travaillent chaque jour et maintenant, Nathalie est une experte en oiseaux.

La jambe cassée d'Issa va mieux[1] et elle peut marcher. Tout le monde va à la forêt du parc national de Campo-Ma'an pour dire au revoir à

[1]*mieux - better*

Mimi parce qu'elle peut quitter la réserve. C'est un grand oiseau maintenant avec de grandes ailes. Elle est très belle. Elle a les ailes grises de couleur argent[2] avec une queue rouge. Nathalie sait qu'il est important que Mimi sorte de la réserve et qu'elle vive avec les autres oiseaux dans la forêt. Elle veut pleurer parce que Mimi est son amie. Elle est triste mais aussi elle est heureuse parce que Mimi est maintenant un oiseau très fort qui peut très bien voler. Les pattes de Mimi sont fortes. Elle n'a plus de problèmes avec son aile. Tout est parfait !

La situation à la réserve est parfaite aussi. Jengo ne vient plus à la réserve. Il n'est plus le petit ami d'Issa. C'était une situation terrible et difficile pour Issa, mais maintenant elle est très, très contente. Elle aime travailler avec le Docteur Gauthier et Nathalie. Elle pense aussi que le Docteur Gauthier est beau. Issa remarque qu'il rougit beaucoup, qu'il ne parle pas beaucoup, mais qu'il est très beau.

Dans la forêt de Campo-Ma'an, tout le monde

---

[2]*argent - silver*

dit au revoir à Mimi. C'est un jour fantastique et un peu triste. Tout le monde pleure un peu quand Mimi s'envole de la cage vers les autres oiseaux. Mimi est la plus belle et la plus grande. Ils regardent Mimi pendant une heure et puis ils quittent la forêt. Ils vont au restaurant pour fêter[3] ça et ils rentrent ensuite à la réserve.

[3]*fêter - celebrate*

Chapitre 15
C'est la vie

Le lendemain, Nathalie se lève mais elle ne veut pas quitter son lit. Aujourd'hui, c'est le jour du procès[1] des hommes qui ont volé les oiseaux et qui voulaient tuer Issa et Nathalie. Issa, Nathalie et le Docteur Gauthier vont à Douala pour le procès.

C'est un long voyage. Ils vont en camionnette

[1]procès - hearing

à la gare de Kribi. Ils prennent le train pour Douala. Dans le train, le Docteur Gauthier prend la main d'Issa. Issa le regarde et sourit, mais elle est un peu inquiète.

Ils arrivent dans la salle du procès et ils s'asseyent. Il y a trois hommes qui s'asseyent aussi. Ils ne sont pas très grands et ils ont l'air méchant. Ce sont des hommes mauvais. Le juge appelle Nathalie et lui pose beaucoup de questions. Nathalie est très nerveuse et elle ne regarde pas les hommes. Elle parle au juge et retourne à son siège[2]. Le juge parle à Issa et au Docteur Gauthier aussi.

Tavon entre dans la salle du procès. Les voleurs ont l'air très fâchés quand ils regardent Tavon. Tavon donne son témoignage[3] contre les hommes. Le juge décide que les hommes vont aller en prison. Ils vont passer beaucoup de temps en prison.

Après son témoignage, Tavon sort de la salle du procès. Les voleurs sortent aussi. Nathalie

[2]*siège - seat*
[3]*témoignage - testimony*

regarde Tavon quand il sort avec les voleurs et se demande: Tavon va-t-il aussi aller en prison ?

Nathalie, Issa et Docteur Gauthier rentrent à la réserve. Tout le monde est content, surtout le Docteur Gauthier. Il a une surprise pour Nathalie. C'est un portable !

> – Tu as une connexion internationale. Tu peux envoyer des messages texto à ta sœur et à tes amis.
> – Merci mille fois Papa ! Je suis très, très contente !

Nathalie veut dormir, mais elle veut aussi envoyer des messages texto. C'est la première[4] fois en trois mois.

> – Paul, –dit Issa– tu veux marcher avec moi ? La nuit est très belle.

Paul rougit un peu et lui répond doucement :

> – Euh . . . alors . . . oui.

Nathalie ne fait pas attention à leur conversation parce qu'elle envoie des messages texto comme une folle. Ils marchent et Issa prend la main de Paul. Ils ne se parlent pas, mais ils se

[4]*première - first*

73

regardent. Puis, ils s'embrassent.

À ce moment-là, Nathalie reçoit un message de sa sœur. Alex dit qu'elle vient au Cameroun pour Noël ! Nathalie court chercher son père. Elle voit son père embrasser[5] Issa !

– Papa –elle crie avec surprise– euh. . .
Pardon.

Le père regarde sa fille. Il rougit beaucoup et il ne peut pas parler. Il pense que Nathalie est fâchée, mais Nathalie rit.

– Oh là là ! C'est embarrassant ! Les vieux s'embrassent maintenant !

Tout le monde rit.

Fin

[5]*embrasser - kiss*

Glossaire

a - s/he has
ai - I have
aide - s/he helps
aider - to help
aidez - you *(pl.)* help
aidez-nous - help us
aile - wing
aimait - used to like
aime - like(s)
ait - s/he has
aller - to go
est allée - went
(je) suis allée - (I) went
s'en aller - to go away
allons-y - let's go
alors - then
ami(e) - friend *(female)*
amies - friends
amour - love
amusant - fun
animaux - animals
s'est appelé - was called
s'appelle - his/her name is
approche - approach
après - after
arbre - tree
argent - money
arrête - s/he stops

arrêté - stopped
arrêter - to stop
arrivent - they arrive
arriver - to arrive
as - you have
attendre - to wait
au - to, in, at the
aujourd'hui - today
aussi - also
autour - around
autre - other
aux - to, in, at the
avais - I/you had
avait - s/he had
avec - with
avion - plane
avoir - to have
avons - we have
basse - low
beau - handsome
beaucoup - a lot
beaux - handsome, beautiful
bel - handsome, beautiful
belle - handsome, beautiful
avoir besoin de - to have need of
bâtiment - building

Glossaire

bête - beast *(noun)*, silly, stupid *(adj)*
bien - well
bien sûr - of course, sure
bientôt - soon
bienvenue - welcome
blaguer - to joke
blanche - white
bon(ne) - good
bonjour - hello
bouche - mouth
bouge - s/he moves
bougent - they move
boule - ball
bras - arm
c'est - it is
c'était - it was
ça - it
cache - s/he hides
cachée - hidden
Cameroun - country in western Africa
Camerounais(e) - a person from Cameroon
canapé - couch
capturé - captured
capturent - they capture
casse -s/he breaks
cassée - broke
ce sont - they are

cela - this
ces - these
cet - this
cercle - circle
cette - this
chaise - chair
chambre - bedroom
chaque - each
chaud - hot
cherchant - looking for
cherche - looks for
chercher - to look for
cheval - horse
cheveux - horses
chez - at the house of
chien - dog
chose - thing
chut - shhhhhh
cinq - five
combien - how many
comme - like, as
commencent - they begin
communiquent - they communicate
communiquer - to communicate
complète - complete
comprend -s/he understands
conduit - s/he drives
confisqué - confiscated

G-2

continue - s/he continues
contre - against
corde - rope
couleur - color
coupe - s/he cuts
coupent - they cut
cours - run *(command)*
courent - they run
courir - to run
courons - we run
court - s/he runs
coûte - costs
couteau - knife
crie - s/he yells
crient - they yell
croire - to believe
crois - I/you believe
croit - s/he believes
cuisine - kitchen
curieuse - curious
dame - lady
dans - in
de - of
déjeuner - to eat lunch
demain - tomorrow
demande - s/he asks
dents - teeth
désolé(e) - sorry
je suis désolé(e) - I'm sorry
déteste - s/he dislikes

détruit - destroyed
deux - two
devant - in front of
devient - becomes
difficile - difficult
dire - to say
dis - say
disparu - disappeared
dit - s/he says
domestique - domestic
donc - so
donne - s/he gives
donner - to give
dorme - s/he sleeps
dormir - to sleep
dort - s/he sleeps
dos - back
douce(ment) - soft(ly)
douze - twelve
du - of/from the
l'évasion - the escape
échapper - to escape
écoute - listen
écoutent - they listen
écouter - to listen
écrit - write
elle - she
embrasse - embrace, hug
en - in

Glossaire

enchanté(e) - enchanted, nice to meet you
encore - still, again
encore une fois - again
endroit - place
enfant - child
enquête - investigation
enquêter - to investigate
entend - s/he hears
entendent - they hear
entendu(e) - heard
entre - between, enters
entrent - they enter
envoie - s/he sends
envoyer - to send
est - s/he/it is
et - and
était -s/he/it was
éteins - turn off
été - been
êtes - you are
être - to be
évident - evident
explique - s/he explains
expliquer - to explain
fâché(e) - angry
(a) faim - is hungry, ((has hunger)
faire - to do, to make
fait - s/he does, makes

familière - familiar
faune - native animals of an area
il faut - one must
favori - favorite
femme - wife, woman
fenêtre - window
ferme - s/he/it closes
feuille - leaf
feuille de papier - piece of paper
fille - girl, daughter
(encore une) fois - again
folle - crazy, foolish
font - they do, make
forêt - forest
forme - form
fort(e) - strong
frappe - s/he hits, knocks
frénétique - frantic
frigo - refrigerator
garçon - boy
garde - s/he keeps, guards
gardent - they keep, guard
grand(e) - tall, big
grise - grey
habitation - habitat
habité - lived
habitent - they live
habiter - to live

heure - hour
heureux - happy
heureuse - happy
hier - yesterday
histoire - stories
homme - man
ici - here
idée - idea
il - he, it
il y a - there is, there are
il y avait - there was, there were
imaginer - to imagine
impressionnée - impressed
indique - indicates, shows
inquiète - worried
jamais - never
jambe - leg
j' - I (Apostrophe used when it precedes a word that starts with a vowel)
je - I
jeune - young
jour - day
journée - day
juge - judge
justifier - justify
la - the *(feminine)*

l' - the *(feminine)* (Apostrophe used when it precedes a word that starts with a vowel)
là - there, then
laisse - s/he leaves
laisser - to leave something behind
lampe de poche - flash light
le - the *(masculine)*
l' - the *(masculine)* (Apostrophe used when it precedes a word that starts with a vowel)
les - the, them
leur - their, to them
lève - s/he gets up
lèvent - they get up
lever - to get up
libérée - liberated
libérer - to liberate
libre - free
lit - bed
longtemps - longtime
lui - to him/her
lune - moon
m'occupe - I take care of
ma - my
main - hand
maintenant - now

Glossaire

mais - but
maison - house
maisonnette - small house,
    cottage
mal - poorly
maman - mama
mangue - mango
mange - s/he eats
(a) mangé - ate
mangent - they eat
manger - to eat
m'appelle - my name is
marchais - was walking
marche - s/he walks
marché - walked
marchent - they walk
marcher - to walk
marchions - we were walking
mari - husband
mariée - married
marier - to marry
matin - morning
mauvais(e) - bad
me - to me
m' - to me (Apostrophe used
    when it precedes a word
    that starts with a vowel)
méchant(e) - mean
même - same
merci - thanks

mère - mother
met - s/he puts
mettent - they put
mettre - to put
moi - me
mois - month
ce moment-là - at that mo-
    ment
mon - my
monde - world
montent - they climb
mort(e) - dead
n'est-ce pas - isn't that so
ne/n' . . . pas - doesn't, don't
n' . . . pas - doesn't, don't
    (Apostrophe used when
    it precedes a word that
    starts with a vowel)
ne plus - no longer
ni - nor
noël - Christmas
noir(e) - black
non - no
note - s/he notes, notices
nous - we
de nouveau - again
nouveau(x) - new
nouvelle - new
nuit - night
occuper - to take care of

œuf - egg

oiseau(x)- bird(s)

on - one, they (in reference to people in general)

ont - (they) have

ont été - they have been

ou - or

où - where

oui - yes

ouvre - s/he opens

pancarte - sign

papa - dad

par - by

par terre - at, on the ground

parc - park

parce que/qu' - because

parfait(e) - perfect

parlait - s/he was talking

parlant - talking

parle - s/he talks

parlent - they talk

parler - to talk

part -s/he leaves

partent - they leave

parti - left

partir - to leave

pas (ne/n' . . . pas) - doesn't, don't

se passe - happening

passé(e) - past, happened

passent - they passed

passer - to pass, to spend time, to pass by

pendant - during

pense - s/he thinks

penser - to think

père - father

petit déjeuner - breakfast

petit(e) - small

peu - (a) little, few

peut - s/he is able, can

peuvent - they are able, can

peux - I/you are able, I/you can

s'il te plaît - please

pleure - s/he cries

pleurer - to cry

plumes - feathers

plus - more

pose (une question) - s/he asks (a question)

posent (une question) - they ask (a question)

pour - for/in order to

pourquoi - why

prend - s/he takes

prennent - they take

près - near

presque - almost

proche - close

promenade - walk

protégé - protected

puis - then

qu'est-ce que - what ?

qu'est-ce qu' - what ? (Apostrophe used when it precedes a word that starts with a vowel)

quand - when

quarante - forty

quatre - four

que - that

quelle - which

quelque(e) - some

quelqu'un - some one

queue - tail

qui - who

quitte - s/he leaves

quittent - they leave

quitter - to leave

quoi - what

rapide - quick

regarde - s/he looks

regardent - they look

regarder - to look

rendre visite - to visit someone

rendu visite - visited someone

rentre - s/he reenters, comes back

rentrent - they reenter, come back

restent - they stay

rester - to stay

retard - late

retourner - to return

reviens - come back

au revoir - goodbye (till we (re)see again)

rien - nothing

rient - they laugh

rigole - s/he jokes

rit - s/he laughs

rouge - red

rougit - gets red, blushes

s'allume - lights up

s'appelait - was called

s'appeler - one's name is

s'appelle - his/her name is

s'appellent - their names are

s'asseyent - they sit

s'assied - s/he sits

s'embrassent - they kiss

s'embrasser - to kiss

s'est appellé - was called

s'inquiète - s/he worries

s'intéresse - of interest to her

s'occupe - s/he takes care of

s'occupent - they take care of

s'occuper de - to take care of

sa - his, her

sac à dos - back pack

sais - I/you know

saisit - s/he takes hold of, seizes

sait -s/he knows

salle - room

sans - without

savoir - to know

serre dans les bras - hug

seule - alone

seulement - only

si - if

siège - seat

sœur - sister

soit - is

soleil - sun

sommes - (we) are

son - his/her

sont - (they) are

sors - I/you leave

sort -s/he, it leaves

sorte -s/he, it leaves

sorti - left

sourire -to smile

sourit -s/he smiles

suis - I am

suivant - next

sur - on

sûr - sure

surtout - especially

surveiller - to do surveillance, to watch over

sympa - nice

ta - your

te - to you

t' - to you (Apostrophe used when it precedes a word that starts with a vowel)

temps - time, weather

terrorisé - terrorized

texto - text message

toi - you

ton - your

toucher - to touch

toujours - always

tous/tout/toute - all

tout - all, while

tout à coup - all of a sudden

travail - work *(noun)*

travaille - s/he works

travaillent - they work

travailler - to work

travaillons - we work

treize - thirteen

trente - thirty

très -very

triste - sad

tristesse - sadness

trois - three

trouvé - found

trouvent - they find

trouver - to find

tu - you

tuer - to kill

un/une - a, an

utilise - s/he uses

utilisent - they use

utiliser - to use

utilisons - we use

va - s/he goes

vais - I go

vas - you go

vendent - they sell

venez - you come

venir - to come

venues - came

veulent - they want

veut - s/he wants

veux - I/you want

vie - life

vieille - old

viennent - they come

viens - I come

vient - s/he comes

vieux - old

ville - city

visage - face

vive - s/he/it lives

vivent - they live

vivre - to live

voient - they see

voir - to see

vois - I/you see

voit - s/he sees

voiture - car

voix - voice

vol - flight, theft

vole - s/he steals, flies

volé - stole(n), flew, flown

volent - they steal, fly

voler - to steal, to fly

voleur - robber, thief

vont - they go

voudrais - I/you would like

voulaient - they wanted

voulais - I/you wanted

voulait - s/he wanted

vous - you *(formal)*, you *(plural)*

voyons - we see, let's see

vrai(e) - true, real

vu - saw, seen

y - there

yeux - eyes

Level 1 Novels

El nuevo Houdini

Past & Present Tense - 200 unique words
(Two versions under one cover!)

Brandon Brown is dying to drive his father's 1956 T-bird while his parents are on vacation. Will he fool his parents and drive the car without them knowing, and win the girl of his dreams in the process? (Also available in French & Russian)

Frida Kahlo

Past Tense - 160 unique words

Frida Kahlo (1907-1954) is one of Mexico's greatest artists, a remarkable achievement for someone who spent most of her relatively short life wracked with pain. Frida expressed her pain through her art, producing some 143 paintings, 55 of which were self-portraits. To this day, she remains an icon of strength, courage and audacity. This brief biography provides a glimpse into her turbulent life and her symbolic art.

Bianca Nieves y los 7 toritos

Past Tense - 150 unique words

Bullfighting is a dangerous sport, and there is nothing more menacing than facing a raging bull in the middle of the ring. All eyes are on the great torero, 'El Julí,' as he faces off against the most ferocious bull in the land, but nobody, aside from his daughter, Bianca, seems to notice that his greatest threat walks on two legs, not four. In her attempt to warn and save her father, Bianca soon realizes that fighting an angry bull is much safer than battling greed and deception.

Felipe Alou: Desde los valles a las montañas
Past Tense - 150 unique words

This is the true story of one of Major League Baseball's greatest players and managers, Felipe Rojas Alou. When Felipe left the Dominican Republic in 1955 to play professional baseball in the United States, he had no idea that making it to the 'Big League' would require much more than atheticism and talent. He soon discovers that language barriers, discrimination and a host of other obstacles would prove to be the most menacing threats to his success. (Also available in English & French; unique word count approximately 300.)

Esperanza
Present Tense, 1st person - 200 unique words

This is the true story of a family caught in the middle of political corruption during Guatemala's 36-year civil war. Tired of watching city workers endure countless human rights violations, Alberto organizes a union. When he and his co-workers go on strike, Alberto's family is added to the government's "extermination" list. The violent situation leaves Alberto separated from his family and forces them all to flee for their lives. Will their will to survive be enough to help them escape and reunite?

Piratas del Caribe y el mapa secreto
Present Tense - 200 unique words

The tumultuous, pirate-infested seas of the 1600's serve as the historical backdrop for this fictitious story of adventure, suspense and deception. Rumors of a secret map abound in the Caribbean, and Henry Morgan *(François Granmont, French version)* will stop at nothing to find it. The search for the map is ruthless and unpredictable for anyone who dares to challenge the pirates of the Caribbean. (Also available in French)

Los *Piratas del Caribe y el Triángulo de las Bermudas*
Past Tense - 280 unique words

When Tito and his father set sail from Florida to Maryland, they have no idea that their decision to pass through the Bermuda Triangle could completely change the course of their voyage, not to mention the course of their entire lives! They soon become entangled in a sinister plan to control the world and subsequently become the target of Henry Morgan and his band of pirates.

Noches misteriosas en Granada
Present Tense - Fewer than 300 unique words

Kevin used to have the perfect life. Now, dumped by his girlfriend, he leaves for a summer in Spain, and his life seems anything but perfect. Living with an eccentric host-family, trying to get the attention of a girl with whom he has no chance, and dealing with a guy who has a dark side and who seems to be out to get him, Kevin escapes into a book and enters a world of long-ago adventures. As the boundaries between his two worlds begin to blur, he discovers that nothing is as it appears...especially at night! (Also available in French)

Robo en la noche

2 versions under 1 cover!

Kristy Placido

Robo en la noche *(Prequel to Noche de Oro)*
Past & Present Tense - 380 unique words

Fifteen-year-old Makenna Parker had reservations about her father's new job in Costa Rica, but little did she know that missing her home and her friends would be the least of her worries. She finds herself in the middle of an illegal bird-trading scheme, and it's a race against time for her father to save her and the treasured macaws. (Present tense version available in French)

Noche de oro
Past Tense - 290 unique words

Now a college student, Makenna Parker returns to Costa Rica for a new ecological adventure. As a volunteer at a wildlife preserve in Guanacaste, she finds unexpected romance that lands her right in the middle of a perilous scheme. Does her new boyfriend really have good intentions, and what are he and his stepfather really up to? Will Makenna discover the truth before it's too late?'

Level 2 Novels

La Llorona de Mazatlán
Past Tense - Fewer than 300 unique words

Laney Morales' dream of playing soccer in Mazatlan, Mexico soon turns into a nightmare, as she discovers that the spine-chilling legends of old may actually be modern mysteries. Friendless and frightened, Laney must endure the eerie cries in the night alone. Why does no one else seem to hear or see the weeping woman in the long white dress? Laney must stop the dreadful visits, even if it means confessing her poor choices and coming face to face with…La Llorona.

Rebeldes de Tejas
Past Tense - Fewer than 300 unique words

When Mexican dictator, Santa Anna, discovers that thousands of U.S. citizens have spilled into the Mexican state of Texas and seized the Alamo, he is determined to expel or kill all of them. What will happen when Mexican Juan Seguín finds himself fighting for Texas and against his country's dictator?

Level 2 Novels (cont.'d)

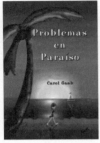

Problemas en Paraíso
Past Tense - 300 unique words

Victoria Andalucci and her 16-year-old son are enjoying a fun-filled vacation at Club Paradise in Mexico. A typical teenager, Tyler spends his days on the beach with the other teens from Club Chévere, while his mother attends a conference and explores Mexico. Her quest for adventure is definitely quenched, as she ventures out of the resort and finds herself alone and in a perilous fight for her life! Will she survive the treacherous predicament long enough for someone to save her? (Also available in French)

Los Baker van a Perú
Past & Present Tense
Fewer than 400 unique words
(Two versions under one cover!)

Are the Baker family's unfortunate mishaps brought on by bad luck or by the curse of the shrunken head? Join the Bakers as they travel through Peru and experience a host of cultural (mis)adventures that are full of fun, excitement and suspense!

La maldición de la cabeza reducida
Past Tense - Fewer than 400 unique words

Hailey and Jason think they have rid themselves of the cursed shrunken head now that they are back home from their family trip to Peru. Their relief quickly gives way to shock, as they realize that their ordeal has only just begun. Returning the head and appeasing the Jívaro tribe become a matter of life and death! Will Hailey and Jason beat the odds?

Level 3 Novels

Vida y muerte en La Mara Salvatrucha
Past tense - Fewer than 400 unique words

This compelling drama recounts life (and death) in one of the most violent and well-known gangs in Los Angeles, La Mara Salvatrucha 13. Joining MS-13 brings certain gang-related responsibilities, but being *born* into La Salvatrucha requires much more. Sometimes, it even requires your life! This is a gripping story of one gang member's struggle to find freedom.

La Calaca Alegre
Past tense - Fewer than 425 unique words

Does Carlos really suffer from post-traumatic stress disorder, or are his strange sensations and life-like nightmares much more real than anyone, including Carlos, believes? Determined to solve the mystery of his mother's disappearance, Carlos decides to return to Chicago to face his fears and find his mother, even if it means living out his nightmares in real life. As he uncovers the mystery, he discovers the truth is much more complex and evil than he ever imagined.

Level 3 Novels *(cont.'d)*

La hija del sastre
Past tense - Fewer than 500 unique words

Growing up in a Republican family during Franco's fascist rule of Spain, Emilia Matamoros discovers just how important keeping a secret can be! After her father, a former captain in the Republican army, goes into hiding, Emilia not only must work as a seamstress to support her family, she must work to guard a secret that will protect her father and save her family from certain death. Will her innocence be lost and will she succumb to the deceptive and violent tactics of Franco's fascist regime?

La Guerra Sucia
Past tense - Fewer than 600 unique words

American Journalist and single mother, Leslie Corrales travels to Argentina to investigate the suspicious disappearance of 'Raúl,' the son of Magdalena Casasnovas. When Leslie discovers that Raúl, along with 10's of thousands of other suspected dissidents, has suffered horrific atrocities at the hands of the Argentine government, she finds herself in a life-altering series of events. Will she escape with her life and with the information she needs to help the Argentine people?